JN370032

굼벵이 놓아주기

정태중 시집

시와사람

굼벵이 놓아주기

■ 시인의 말

5년 만에 다시 시집을 펼쳐 보인다.
이방인의 행색으로 도시에 나왔다가 쉰 살을 훌쩍 넘기면서
고향이 무척 그리워지는 요즈음이다.

시와는 먼 삶을 살면서도 시를 볼 때마다 시의 서정에
가슴 뭉클한 적이 많았다.
인생의 풍경들을 그리고 지우면서 존재에 대해
반문해보곤 했을 것이다.
그 속에서 여전히 구하지 못한 해답들 속의
습작들이나마 남겨 보기로 했다.

어느 강연장에선가 동향이나 다름없는
전라도 태생의 정윤천 시인님을 처음 만나게 되었고
그가 걸어온 시의 행적이 내겐 두툼한 교본이 되어 주었다.
내 속에 옹알이처럼 맴돌던 말들이
시의 옷을 갈아입게 되었다.

이후로 나는 다시 시를 쓰고 싶어졌다.

시집 발간을 계기로 더 넓은 문학의 영토로 부지런한 걸음으로 나아가고 싶은 마음이다.

그동안 내 어깨와 이마를 만져 준 모든 분들께 감사드린다.

차 례

2 저녁이 오는 동안

3 꽃잎은 떨어져도 향기는 남아

4 기차는 떠나고 오지 않았네

1

당신 가슴에 강물이 흐르면

별꽃

별내초등학교 울타리에
노란 별꽃이 주렁주렁
매달려서
요놈 참 이쁘다고 했더니

2학년쯤 되어 보이는 아이가
"노랑 병아리가 대롱대롱하지요" 라며

미래의 희망이라고 쓰인
철재 교문 안으로
키 만한 가방 메고
야무지게 들어 간다

봄에는
별꽃이 서글프기도 하다

참내......!
별 볼 일 없는 봄날
별꽃도 아닌 별꼴이 내 마음에 피었다가 진다.

바람꽃

그 빛 아래
키 낮은 꽃으로 피어
봄비 두르고 간 암벽 틈
홀연히 사라져 가더라도

한 날의 태양과
한 날의 별과
한 날의 그리움 있었기에
한 날 이슬 머금어도 좋겠습니다

어쩌다 흔적
벽화처럼 새겨지면
한 날의 바람 다시 흩뿌리어
꽃으로 피어야겠습니다.

자월도(紫月島)

내가 자월도로 간다는 것은

굳이 육지의 다툼에서 상처로 얼룩져서가 아니다

태식이는 펜션을 빌려 머리 식힐 요량으로 간다는데

나는 용량 한계로 터진 머릴 아물게 하고 싶어서가 아니다

자월도에 들어서면 뱃길 따라오던 긴 상념을 떨치려는 것이 아니다

그는 소라를 줍고 생선을 칼질해서 배에 채우려는 것이라는데

나는 하늘과 바다의 깊은 고요를 듣기 위함은 더욱 아니다

내가 횟감의 눈물을 보려 했다면

소래포구 자월도(紫月島) 횟집에서 만으로도 충분하다

내가 자월도로 간다는 것은

자월도(自月刀) 칼날에 깃든 달을 따려는 것이 아니다.

노화도

가을이 오면
노화도에 가보고 싶다

염등리 갯벌이 아니더라도
천구리 처녀 뱃사공이 아니더라도
그가 태어나고 자란 곳으로 한 번쯤 불쑥,
연유도 없이 바람 앞세우고 싶다

대당리 늙수그레한 팽나무
믹날* 같은 푸른 잎 펄럭이기도 하는 날
목포가 그립다거니와 막걸리 한 탁발에
이목항 목배 젓는 처녀 뱃사공 앉혀 놓거니와
쬐꼬리 소릴 두른 미라리 전복 아가씨 같거니와
그의 고향으로

가을이 오면
문득 갈대꽃 피는 섬 하나 떠오르겠다.

*미역

만연사

만연사*에 가면
배롱나무에 홍시가 주렁주렁 열린다

어느 가슴들이 뿌려 놓은
검게 타버린 씨앗마다
누구의 이름으로 새겨진 한 겹의 슬픔,
밤낮도 없이
계절도 없이
비 오고 눈보라 쳐도
붉게 익은 그대로 바람에 휘 흔들릴 뿐

배롱나무에 억장 소리 매달려
가지마다 꽃 피운 눈물
천년 뿌리로 흘러
별빛 발하고 공으로 가는

만연사에 가면
어느 나무엔들 홍시가 주렁주렁 열려있다.

* 전남 화순에 있는 사찰.

월출산 추억

응삼이란 놈 열여덟 봄에
도갑사 주지 고무신 봉양 받았네

대웅전 툇마루
정갈한 고무신 한 켤레 품고
월출산 천황봉 참선하러
꼴망태에 곡주 여러 병과
서리 닭 몇 마리와 비장한 눈빛과

산불 조심 팻말 쪼개서는
세상사 진리 연기처럼 피어 올려
열등 털고자 곡주를 몸에 붓고 반열에 드는
다비의 경계에서 몸은 뜨거워져 갔는데

도갑사 주지 비호처럼 날아들어
응삼이 머리에 연신 목탁 세례 울려 주시니
탁발 잔 가득 수심 깊어지고
고라니 발같이 멍이 들어 갔는데

나도 종일 좌불로 곁에 있었네.

봄 똥

겨우내 온갖 새들, 빈 밭에 날아와
허기진 발톱과 부리 분분히 갈기도 하였는데
한 무더기 파닥거림, 무엇이 자라고 있었을까

봄 눈, 파르르 녹고
새들의 날개 펼치다가 간 자리
저리도 푸른 똥 누고 갔을까

허리 굽은 엄니 쪼그리고 앉아 그만,
봄 똥* 치우고 계실 텐데

저리도 푸른 눈물, 누가 흘려 놓고 갔을까.

*봄동이라는 겨울 배추 잎을 고향에서는 봄 똥이라고 불렀다.

진홍 진달래

봄 오면
뒤안길에 무더기로 피는 진달래

유독 몇 송이
느지막이 피우기도 했는데

기중 홀로 핀 작고도 여린
진홍 진달래

개마고원 가문비나무같이
고막원 넘어 자줏빛으로 피었다 지면

올봄, 가지 꺾어다 심어 둔
그해 맑은 별 아래 활짝 핀 몇 송이가

벽에 걸어둔 사진처럼 들켜 와서는
만지작거려 보는 손길에 향수가 묻어난다

꽃불

참말로 거시기 해불구마이
째까 한눈판 틈새로 그새 꽃불 질렀구마이
매화 년 보낸 지 얼마라고
여시 같은 꽃샘바람 속살 삐쭉이더만
겹겹한 치매 폭, 은근슬쩍 내리더니
꽃 년들 오늘 고뿔이나 안 걸렸을랑가 몰긋다
봄비 지내 간 촉촉한 물기 가시고 나면
정녕 활활 타오르 것는디
보는 일도 참말로 거시기 해불믄
이내 맴도 송골송골 타올라 어째야 쓸랑가 몰긋다.

굼벵이 놓아주기

그라지 마소
고실고실한 고구마 두렁에서
굼벵이 한 마리 꿈틀대는 것을
호미로 찍어불면 어쩐당가
지놈도 살것다고 온몸 굴려 가며 발버둥 치는디
어쩌다가 사람 눈에 뜨여서
호미 끝에 걸린 신세인디
좌우 당간 불쌍허지 안헌가

고구마 영근 것 좀 보소
볼그스롬 밑도 참 야물게 들었슨께
물컹한 저 굼벵이는 지 살길 가라고 냅둬 불세

호미도 곳간에서 나올 적엔 지 모양새대로
허고픈 일이 있었을 판이고
기실 자루 잡는 놈이 장땡인 것은 알제만
굼벵이 구르는 재주나 한 번 보소
가실 볕이 풍성하니 굼벵이도 고와 보이지 안능가

가끔 저 지랄맞은 흉물이
불 작난만 안치믄 쓰것는디 말이여.

애상

보오, 저리 몽실한 꽃 보았는가
보오, 저리 어여쁜 연인 보았는가

덕진 천변에 나가
봄바람에 만개한 꽃잎일랑 보았는가

모악산 늙다리 바람 잔술에 취해 천변 당도하면
남은 꽃잎일랑 진북동에도 흘러 흐르나니

보오, 그 꽃잎일랑 밤불로 밝히고
보오, 그 향길랑 임 가슴에 피어나니

언약도 없이 신리까지 닿다가
가슴 속에 붉게 내리면 어떠하련가.

붕어빵

봄비 내리면
강으로 가라

틀에 갇힌 날들
묽은 반죽의 늪에서

붉은 팥의 눈을 뜨고
헤엄쳐 가라

영혼 없이 태어나
뜨거움에 변형된 삶이라면

버들 젖은 강 따라
아픈 팥물도 토하고 가라

붕어빵 같은 인생
마다하려면

봄비 적시면
강물 되어 가라.

섬진강 매화 시절

거기 구담마을에 가서
풀리는 강물 속 이야기 듣고
입석리 허리춤에 불어오는
바람의 머릿결 내음 맡아 보아야겠다

꽃망울 막 터트리는 설레임
엿듣다가
저녁처럼 밀려오는 보고픔에도
젖기로 하자

하동마을 귀퉁이 낡은 집에서
막 건져 올린 재첩 넣은
섬진강 한 사발 들이켜고 싶어지면

이 모든 것,
섣달그믐 밤 헛꿈 같은 것일지라도
섬짐강가 봄 매화 나무 가지엔
한 세상이 어울려 오겠다
엄동 설한 뒤에 살아내야 할 그리움들
다시 피어 나겠다.

어느 봄에

나는 여태
오가피 잎 하나 피우지 못했네

친구 놈이 알려준 산삼 이파리
그 귀한 잎 찾고 있었네

모자람으로
봄 쑥 물끄러미 보던 날

여린 것들 찾아오는 모습 앞에
물끄러미 앉아서 생각해 보네.

당신 가슴에 강물이 흐르면

당신
가슴에
강물이 흐르면
나
강물에 몸을 던져
물살의 온유함 받아 내리

아!
보드라운 살결같이
저 강물 내 안에 차오르면
발그레 물든 강기슭,
높은 스카이라운지에서
한 잔의 사랑을 마시리

종탑 그 뾰족한 등불이
푸른 밤의 심장을 두드리면
창문을 닫고
커튼을 치고
두 눈을 감고
숨결 고운 강 속으로 마냥 흐르리.

나무와 새와 어둠

오래된, 늙은 나무

이파리도 없이 검게 탄 듯한 가지 위에

새 앉았다가 간 흔적이 깊다

부리로 쪼아대었거나 발톱에 패인 듯

휘파람새 같은 것들이 놀다가

저 작은 옹이 속을 울려주었을 것 같은

겨울바람도 찾아와서는

휘리릭 공명(共鳴)을 울려주고

앉았다가 다시 가는

혼자가 된, 늙은 나무

반달이 반쯤 휘어버린 가지 위로

마른기침 뱉어내는 밤

어둠은 나무 곁에서 친구가 되어

날아가 버린 새의 자리를 찾아 앉는다.

내소사

후~ 하고 불면
사라질 것 같은 안개

안개에 가려진 꿈
세월로 흐릿하다

내소사 대웅전 마당
참새 한 마리

날갯짓 가벼이
훨훨 떠나는 걸 보니

저놈이 먼저
해우소에 들렀다가 나온 모양이다.

염의 천은 바람에 휘날리고

까치가 울면
설날이 가까워진다고
어저께가 지나간 자리 바람 일었다

울 엄마 머릿결
바람에 휘날리는 선달 밤
문풍지도 달빛 품고 흔들려 주었다

가볍게
가벼이
가여워 우는 바람 소리

오색 천들은 휘날려주고
생의 끝자락을 물들이며

승무같이
상여 꽃같이

끈 하나 놓지 못한 위태한 세월
바람에 나부끼고.

2

저녁이 오는 동안

꽃

우리 어매 장수 사진 찍던 날
웃음이 울음이라고 말 못하고
하회탈 같은 주름 속으로
해탈 같은 천연스런 미소
"아가
나 이쁘게 나왔냐"

웃는
저 꽃.

완행버스

먼지 풀풀 날리며
경적 한 번 울리고 동네 모퉁이 돌아오는
완행버스가 반갑다

광주로 가는 버스에는
영광의 비릿한 바다가 실려 있고
함평 오일장 왕골 돗자리가 시집을 가고
무안 양파가 양동시장으로 몸 팔려 나가고

저것들이 푸른 꿈처럼
오진 마음으로 울퉁불퉁한 길 떠났다가
옛날이 그리웠던지
송정리 영광 통을 거쳐 귀향을 오면

황룡강 물처럼 흘러서 오면
도독 삼거리 모퉁이에 노송은 여전한데
외치 마을 안통엔 인적이 드물고

가던 날 같이
꼭 그만한 표정으로 오는
완행버스는 그 이름도 똑같다.

그 소리

아버지는 지게에다 노을 지고
어머니는 소쿠리에 달을 이네
앞서가는 누렁이 컹컹 분주하고
뒤따르는 송아지 음매 음매 처량하다

다랭이길 터벅터벅
덜컹대는 달구지
신작로에 먼지 묻은 달맞이꽃
풀잎 위론 모로 누운 귀뚜라미

음력 9월 국화
눈물 꽃 되어
상여 길 뒤에 필 때
아버지 지게 등은 떠나가고

어머니만 남아서 우는 울음소리,
워낭 소리
핑경 소리
사람 소리

그 소리

소리
소리.

낡은 풍금

폐교된 학교를 돌아보는데
깨진 창 너머 낡은 풍금 위로
덩그러니 겨울바람 지나간다

옛 생각에 건반 한 번 눌러 보는데
바람 빠지는 소리만 난다

건반 알 몇 개는 흔적 없고
듬성듬성한 흑 건반 보다가 빠진 이빨들 같아서
피식 웃어 본다

툇마루서 노래 부르던 울 엄마도 꼭,
닮았다.

안부

어머님 전상서라고 써 놓고는
뒤가 막힙니다
먹먹한 맘 고향 쪽 하늘에 펄럭이다 바라보니
움푹 파인 주름살 앞태는 건너 옵니다

가지런한 틀니 활짝 보여주듯
마른 웃음기도 전해 오시는데
버섯 꽃 먼저 애처로워 집니다

봄볕은 저렇게도 따사로운데 말입니다.

낫

가만히 들여다보면
작은 철 조각에 서린 시퍼런 날
청춘을 베어낸 자리
시퍼렇게 멍든 자국들 있다

기억은
기억하지 않기 위해 녹스는 일이었다
기구이기 전에 기구한 운명
시뻘건 고문의 시대
조선낫이라고 불러 주었던 뭉텅한 낫에게서
갈라진 자루마다 스민 눈물이 있다

쓸모없는 풀이라고 베어지거나
잔가지라서 베어지거나 하는 아픔들이
손바닥 옹이로 남아 있기도 하였다

푸석한 처마 아래로 녹슨 날들이 걸려 있다
쓸모없는 것들을 베어내다가 쓸모없어진
청춘의 물기가 녹문은 꽃으로 피어 있었다

낫 놓고 ㄱ 자도 모른다는 말

낯 뜨겁다는 천박한 비유 속에도
노모의 평생이 구부정 걸려
담장 찔레 넝쿨에는 눈물이 걸려 있었다.

늑에 대하여

텍사스 잉글뤼 꼬꼬가 날개를 폈다
우리 엄마는 이제부터 늑이다

늑으 누나들 잘 있다냐
늑으 동생들은,
그러고는 또 늑으 매양도 잘 있냐고

나는 안부 전화 연결하는
수신사가 되어 예예, 예, 예예예 라고
라나 에 노스포 싱어가 된다

듣지만 말고
어찌고 사냐고 하시다가
늑으 식구들도 갠찬지야 물으시길래

당연 갠쟈스 강의 그렁 체롸를 던져 보내면
아따 그라믄 쓰것다 잉 하시고는
수화기 너머로 필리핀 영어 한마디
선물 주었다

인자 너도 늑네 잉,

곰곰이 생각해보니
나의 닉네임은 늑으였다.

내 주둥아리

월산 댁이라 하고
월산 할매라고도 하는 우리 어매
전생 업보 많으신지
평생 일손 놓지 못하고
팔순 넘어도 일 타령이네

석 자 이름 잃고
누구의 어매라는 이름도 저문
짠허디 짠헌 우리 어매
하필이면 지난 추석날
토방 넘다 꼬리뼈 금이 가고
몇 개 남은 이 앓아 틀니하고
침침한 눈 수술하고

어매는
참으며 사는 일이
개똥같은 미덕이라 하는데

굽은 허리 펴지고
먹는 것 소화 잘되고
세상 훤히 보인다고

인자 살만허다 잉
여덟 살 애기마냥 웃으며
아직 건강헝께 머시라도 숭군다고

전화기 속에다 대고
뜨건 입김만 푹푹 뱉다가 그만
월산떡 인자 그만 요양병원이나 가실라요?

그러고는
몇몇 날을 똥강아지처럼 끙끙 앓고 말았다.

일기예보

느그 아부지 죽은 지가 언제 적으냐

어디 보자 근 사십 년이 넘는 갑다
그러고 봉께 너도 인자 오십 넘게 부렀구나
강산이 요로코 많이도 변해 부렀네

허기사 고샅에 심궈진 팽나무 큥거 보소
뒤안 감나무 늙어서 삐틀어진 것도
곧 있으믄 죽순도 올라올 것인디
저것들 따기가 힘에 부치단 마다

아가, 토방에 앉아 있응께
앞산 느 아부지 뫼똥이 아른거린다
풀도 많이 올랐을 거신디
고 밑에 심가논 동백도 떨어져 부렀것다

몸 좀 추실라서 꽃단장 허고
풀도 메고 봉도 깎고 술 한 잔 부서야 쓰것는디
한사코 기력이 땅에 붙은 게
요곳도 이참이 마지막 일랑가 몰것다

아가!
비 올랑 갑다
하늘이 시컴허고
온간 데가 쭈시고 시린거 봉께
어쩐지 많이도 올랑갑다.

저녁이 오는 동안

육질 오른 죽순이 허물 벗을 때였다

아적 푸르딩딩 애린 티 못 벗은 촉 끝이
에미 젖 못 묵고 자란 쌀강아지만 같아
차마 못 꺾고 말았어야
갑동이란 눔은 무엘 그리 잘 퍼묵었길래
도야지 맨치로 살이 올랐는지
니도 잔 잘 멕에야 쓸 것인디
짠해진 타박네 소리 아래 서 있을 적에

아랫집 순녀 가정방문 나온다던 뜬금없는 기별에 뒤란 개구녕 속을 기어 산으로 담바꾸쳤다. 아직은 해름참만 같았다. 꼴딱거린 숨 소리 속으로 저녁이 오는 동안, 산 털며 집 찾는 염생이 새끼마냥 고샅을 기어든다. 멧비둘구 애잔한 소리가 내 신세 같긴 하였는데,

쩌렁댄 목소리 고샅 끝까지 내쳐 왔다
e 오살로무 시끼 핵교 보내농께
깡냉이 알 맨키로 핵교를 빼묵어
뒤안 서까래가 놀래 자빠지고 있었다
방문은 닫혀 있고 가정방문은 돌아갔다

갇힌 방 안의 말들이 밖으로 나오지 못하고
a 씨부랄놈 집구석에 들어오기만 혀 봐라
b와 c는 해찰 부렸다가
d 질 줄 알라는 경고가 번개처럼 번쩍거리는데
저녁이 가까워 오는 동안 배는 천둥을 몰고 왔다

아부지는 심심하면 영어를 지르셨다
e 오살노무 시끼

또 어디선가 저녁이 오는 동안.

뒤란

뒤란 장독대
된장독 뚜껑 금이 간 뒤로

오래된
메주 덩이며
소나무 숯 검댕이며

그것들 어울려 곰삭아
금 간 틈으로
시큼한 눈물 배어 나오면

애간장 썩은 세월
우리 어매 검붉은 손맛
그 안에 염 꽃 저문 줄 누가 알까!

복돈

설날
우리 엄마 거북손으로
돌돌 말아 아껴 놓은 쌈짓돈
이만 원 주셨는데

“건강 챙기고
이 돈 불려서 부자 되거라”
덕담 붙여 주셨는데

상경한 지 두어 시간 만에
목욕탕 입장료 육천 원 내고
때 불려서 미는 삯 만 오천 원 내고
주섬주섬 돌아서니 천 원 적자 났네

음복주에 취했을까
우리 엄마
복돈 불려 부자 되라는데
때 불려 목욕탕 떼 부자나 되었는지

봄날
흙 부풀어 오르면
우리 엄마 거북손 엄청 바빠질 텐데.

똥 詩

수도가 얼었다
앞날 술자리가 깊었는데
평소 술을 안 마시던 금씨
배알이가 틀어졌는지 연신 잔을 비우며
육십 평생에 40년을 쇠질 하고도
전세살이 면치 못했는데
어떤 놈은 거금을 물처럼 마셔도
똥물 한 방울 튀기지 않는다고
남은 소주를 벌컥벌컥 마셨던
그런 금씨가 아침에 보이지 않았다

문 연 흔적 있고
기척은 없어 공장 뒤쪽 살펴보는데
쪼그리고 앉아 있는 금씨,
못 본 척 왔는데 겸연쩍게 말을 뱉으며
"아 글씨 배가 아파서 화장실 갔드니
변기통이 얼어서 급한 마음에 그만"
홧김에 먹은 술이 탈이 났다며 나를 보고는
어떤 놈은 금 똥을 싸대는데
가끔 어디서라도 똥 시를 쓰라고 한다

아랫도리가 시원하다는데
두 얼굴이 두꺼운 벽 사이로 비껴간다
내 얼굴에 부딪히는 이것,
아, 추운 겨울이다.

기린

키 작은 나는 기린 한 마리 품고 산다

욕망, 그런 것이 아니라
높다는 것과
큰 눈이 있다는 것이 좋아서고
쓰러질 것 같은
비대칭의 주저앉지 않음이 좋다

그가 평생 목 디스크로 아프리라는 생각과
평생을 목구멍에 풀칠하는 내가
나뭇잎만 흔들려도 휘둥그레지는 큰 눈과
나뭇잎 떨어져 눈물 고인 작은 눈의 내가
닮아서 좋다

몸집은 커도 풀만 먹고 사는 네가 좋다.

혼밥

혼전에는
사랑만 먹는 줄 알았다

혼후에는
밥만 먹는 줄 알았다

이 화상아, 라는
메아리 뒤로

독상에서
혼밥*과 동거 했다.

*혼자 먹는 밥

벤자민 프랭클린*

나는
저
풀밭이 좋아서
밤낮없이 뒹굴고 싶었지

그러다가
풀독이 올라
몸이
좀 고생하기도 했어

가난한 길 위로
별들이 지고

반딧불이가
풀숲을 날아다녔지

나는
저 풀밭이 좋아서
발자국도 없는 풀숲에
몸을 누였어

아!
어둠 속으로 쏟아지는 반딧불이,

풀밭 냄새가 좋아서
한 움큼 뜯어다가
고향 언덕 어두운 길에
100촉 호박 등 하나 밝혔어.

*미국 대통령. 백 달러 지폐의 인물

귀로(歸路)

어떤 소리 하나가
자정을 두드리고 있다
취한 귀로 흘러드는
자명종의 시침이라기엔 크고
오십 년을 벽에 붙어 불알 흔들던
벽시계는 더욱 아닌 소리가
천 리 밖에서도 들릴 것 같은 저것을
뻐꾸기가 낳은 세월이라고
여겨보기로 한다

탁란이 부화한 둥지 아래
부스럼 같은 깃털을 남기고 간 산책로 귀퉁이
갯벌의 오돌톨한 너비를 이마에 새긴 듯
달그림자는 골짜기 같은 바다를 건너고 있다

어떤 소리 하나가
고요한 밤 나직이
기차의 숨이라며
목포행으로 헐떡거리던 날
첫 월급으로 샀던 빨간 내복을 들고
들어서는 이 길을

돌아오는 길이라고
여겨 보기로 한다.

자빠지다

나무에 바람이 자빠지다
삐딱하게 누운 모서리가 자빠지다
모난 생각들이 바람에 자빠지다

입들 모여지는 미용실에서
머리 말리는 기계 넘어지려는 순간
점원의 호들갑스러운 눈도 자빠지고 있었다

이렇게 저렇게 자빠지다가 한번은 해남으로
자뿌라지는 생각을 했다

그 사람 고향이거나
곰곰한 마음속 허상으로 자빠져서
하루쯤은 잊었던 억양으로 자뿌라지고 싶었다

온통 꽃향기 넘쳐나던 말속으로
엷은 미소가 오래 피어오르기도 하였다.

3

꽃잎은 떨어져도 향기는 남아

소리

신나게 놀다가 와, 해거름 골목 따라 마을 앞 개똥논까지 오는 소리. 아련한 메아리 같은 포근함.

어젯밤 현관문 열고 계단 오르는데 뚜벅뚜벅 날 따라오는 소리. 울림만 자꾸 커져서는 벽에 부딪히는, 부딪혀 꺾인 그림자 하나. 신나게 놀다가 와

이런 말의 잠긴 비밀번호를 누르고 싶은,

커피를 마시다가

춥고 쓸쓸한 날에는 커피를 마신다

연한 블랙을 저어가다가

아프리카 케냐의 태양을 떠올린다

파쇄된 기억의 상실을 헤아려 본다

한 여인의 생으로 길어진 원두의 향이

쓸쓸한 탁자 위에 어둠으로 앉아 있다

씁쓸함을 마신다

촉촉하게 피어오른 내 생의 본향에 기대어.

봄 소풍

곤달걀에 사이다 한 병 싸매고
바람이나 피웠으면 좋겠는데

뿌연 세상이
우둘툴 하게 일어나

유치원 병아리들
삐약 거리는 소리

내 안에서 자꾸만
기웃거려 졌는데.

와불

참 편하기도 하시네

소탈한 웃음 내시고
넉넉한 덕 쌓으라는 온유한 턱 괴고

재촉으로 걷는 민생들
발바닥 땀 식히고 가라고

삼백 예순 다섯 날을 씻지도 않은 겁
겨드랑이 속살도 헤쳐 들켜 주시네.

어떤 날

꽃잎들이 내려앉았다. 어떤 이라는 무수한 꽃잎들이, 어젯밤 봄비에, 노상 주차장 흰색 자가용 지붕에 앉았고, 봉고 트럭 짐칸에도 몸을 부렸다. 시간은 흐르고, 꽃잎들은 저리도 달라붙어 소멸로 탈색되며, 더는 흩날리지 못한 수직의 낙화.

연둣빛 사월의 어떤 날이
어떤 이의 가슴엔 피우지 못한
꽃이 지는 날이다
먼 곳의 바다를 보는 날이다
오늘이 지나서 오는
그러니까 내일은 어떤 날이다.

다시 봄

클성싶은 놈
떡잎부터 알아본다는데

딱
그만큼만 자라고 말았다

틀에 갇혀버린 꿈
떡잎은 고스란히 푸른 죽음이었다

그러고 보면
광주가 딱 그 모양이다

틀을 부수고
다시 푸르러 커나가기를

한사코
오월의 봄날이기를.

꽃잎은 떨어져도 향기는 남아

영산홍은 영산강에 피지 않았다

바람에 흔들리는 너를 생각하는데
떨어진 발자국에 찢긴 꽃잎만 날려

씁쓸히 핀 웃음 뒤쪽으로 멈춘
임을 위한 행진곡*
노변 포차 쓴 소주에 녹아내린
아랫녘 홍어 떼 이야기를 함께 하던,

개봉을 앞둔다는 짤막한 기사가 실렸다

찻집 둘레로 다소곳이 피어 올 수 있을까
낙화 잔향* 그 꽃잎,
하나하나마다 이름 불러 쓰고 싶은데

영산포 아래로 다시
저녁이 와서 저녁으로 흩어지면
불러 줄 수 없어 잊힌, 떼 들이 있다.

*박기복 감독의 5월 영화 제목
* 박기복 감독의 기록 영화 제목

양말 곁에서

어릴 적 운동화를 신었던 불알친구 놈이랑
눈을 치우다가 눈사람이나 만들다가
고구마 굽던 일들이 어제처럼 지나가고

한 무더기 천 원 하던 나일론 양말들은
자구만 발가락을 꼬무락거리고

오숙이네 서리하던 배 밭도 앉았다 가고
수미 팬티 색깔 소문도 앉았다 가는

어매도 잃어버린 털신 생각났는지
밀쳐둔 웃음기가 괴어오르고
잔잔한 불씨가 오래도록 가시지 않고.

자율 학습

그니께 그때
중핵교는 거그서 마쳤는디
머덜라고 고딩을 광주로 가딴마시

80년도 중반 같긴 헌디
앙끗도 모르고 데모부텀 만나 부렀어
최루탄에 콜록거리믄서

머슬 알앗깐디
마치 탁주잔 돌리데끼 휩쓸렸제

근디 말이여
해마다 지랄 탄 날아드는 전대 뒷쪽에서
해필허고 자취를 붙여갔고는
씨팔,

형, 누나, 동네 아자씨들은
5월만 되아불면 눈에 불이 났었는디
불은 가려서 붙는 거시 아니드라고

선생도 그런 날은 오전 수업만 해주고는

나는 긍께로
지금도 자율 학습이라는 말만 나오믄
쪼까 머시기 해분당게.

팔자

휴일 오후
무료함 끝에 외출한다
딱히 갈 곳도 없어 발길 닿은 곳이
평생 밥 빌어먹었던 공장이다

6월 초순의
노곤한 햇살이 한가롭다
옆 건물 진순이가 새끼를 여럿 낳았다는데
그늘 막에 늘어져 단잠 자는 모습이
개 팔자 상팔자라는 말을 떠올려준다

의자에 비스듬히 앉아
책상에 두 발을 올리고
창틈 빛살 하나 힐끔 잡아채
발끝에 두니 내 팔자도 개 팔자다

사람 팔자로 상팔자 소리 들으려면
불멸의 성으로 입성하여
목에 깁스하고 철밥 통 두들기는
정도는 되어야겠지

평생을 밥 빌어먹었던 것 같은데
어떤 놈은 간당간당 먹고
어떤 놈은 밥통 째 들고 먹고

무료한 휴일을 깨고
도로변의 1톤 트럭은
선거판 확성기로 고막을 찔러대고 있다

누군가는 또 팔자를 뜯어고쳐 보려는
심보인가 보다.

우리가 꽃이었던가

긍께 잉,
봄은 참말로 신성한 것이제롸

별 따사롱께 꽃들 핀거 보소
숫째 눈길 한 번 없다가도
꼭 이맘때쯤이면 뽀짝거리며 다가 와설랑
우리도 꽃이라고 안 그라요

그러고 보믄 바람에 흔들리는
쪼깐 것들 항개 씩도
모투고 보태먼 심이 되기는 허든 갑지라
때가 되믄 날아와 오두방정을 떠는 저것들이
벌이고 나비들 아니겄소
나팔들을 불러 쌓는 꼴이
나팔꽃들도 같소마는
누구는 철새들이라고도 헙디다
혹시 저것들 날개에 독가리나
병균 같은 것들은 안 묻었는지
따져 보기는 해얄 것이제만
우리가 꽃들이란디
이참에도 넘어가야 할란지 말란지

좀 거시기 허기는 허요마는
그나저나 읍내 나가는 참에
아재가 우리 막네 고뿔 알약이랑
물약이랑 잠 사다가 주어야 쓰겄소
꽃 노릇 헐려면 마냥 자리보전이나 하고 말아서는
안 될 것이제라
그래도 아적은 우리가 꽃이라들 그란디.

올라오는 것들

새순 파릇하게 올라와
뾰족한 입들은 잎이 된다

쇳덩이로 살아온 분순씨의
봄 안에는 녹슬고 구부러진 철사가 엉켜
구부러진 걸음으로 뒤란 죽순을 꺾는다

꺾인 팔순을 넘기고도
올라오는 쪽으로 족적을 옮기며
새순 같은 조막손을 연신 놀린다

고단함이란 말은 폐기된 지 오래고
오롯이 올라오는 것들만 검색되는 봄,

아직도 목구멍 속으로 울컥 올라오는
더러는 생각기도 싫은 오월이 있다.

영월리 방송

아~.아~

흠흠. 요보시요들

거시기 딸년이 한양 갔다 오등만 말투가 쪼까 이상해진 거이 가튼디. 고것이 긍께 서울말이라고 안 긍가, 긍께 언능 회관으로 와서 내 말을 잠 들어봐야 쓰것소.

이장이 동네 사람들 모아 놓고 목을 돋구는데, 굴뚝에서 냉갈이 막 나는 것을, 서울말로 머시라고 한당가요?

여적 고것도 모르셨소? "어머, 굴뚝에서 냉갈이 막 피어 오르네요" 그러는 것이제요.

"아, 근당가."

양파

흔하디흔하다고
내동댕이쳐지는 양파

무안 오일장에서
주섬주섬 눈물을 닦은 월산 할매가
한 무더기 양파 망을 다독여서

빗물 흠뻑 먹은 것을 펼쳐
괜찮은 자식은 소쿠리에 넣고
물렁해진 자식은 햇볕에 말리고

그러면서 자꾸만
해 지는 서울쪽의 하늘을
올려다 보았는데.

말이여

그랑께 말이여
그라고 피난길 왔는디
어쩌다가 임진강 철조망이라도 볼라치면
가시가 가슴팍을 찌르는디
놓쳐버린 어린 손이 아직도 잊히지 않는당께
그때 한강을 넘을 적에
허리끈이라도 있었으믄
꽁꽁 매서라도 건넜을 것인디
인자 돌아오지도 못할 영혼을 안고
망향가를 부르면 뭣 한당가
이녁도 북녘도 아닌 임진강에 서 봐야
철새만 간간이 날아들고
붉은 노을은 포화처럼 흘러 가불더라고
그래도 꼭 한 번 거기를 밟고 싶은디
으짜든지 생전에 갈 수 있을랑가 몰겄어
죽어라고 눈에 밟히는디 말이여.

폭설

어떤 이는 그리움이 내린다고 하고
어떤 이는 슬픔을 덮는다고 하고
어떤 이는 추억을 쌓는다고 한다

뉴스에서 흘러나오는 아랫녘
날씨 방송
함평 이짝저짝으로 찬 기운이
마술을 부리다가
입춘 무렵에
대설주의보라는 아리따운 목소리가
윤기도 자르르하게
귓전에 와 감기는데

큰일이네
우리 어매 조막손으로
어쭈고 하늘을 가릴랑가
비닐하우스 폭삭 내려 앉으믄
울 어매 폴딱폴딱 뛰고 말 거신디

누가
저 그리움인지 슬픔인지 추억인지 모를

흰 똥 덩어리나 좀 치워주면
우리 어매 조막손 덜 폭폭 할 것인데.

수박이 되거라

7월이 오면
각개전투로
넝쿨 사이 고개 내미는
철모에 줄을 그어라

너도나도
흩어졌던 상념들
한곳에 모으고
푸른 병력이 되거라

숱한 칠흑의 밤을 새우며
불꽃 하나 점하여
작전 수행하는
너는 이 땅의 제군이다

땡볕에 철모 달아오르듯
가슴을 붉게 물들였으니
그 당당함으로
이 땅의 수박이 되거라

아들아

푸른 밤들은 설익어도
푸른 철모에
인내의 군건함을 새겨라

뜨거움으로 자신을 불살라
진정 푸른 수박이 되거라
당도 높은 수박이 되거라.

도라이바 가꾼나

도라이바를 가꾸려 한 것인지
기름 좔좔 묻혀
거룩한 십자못 까지 챙겨서
황 씨에게 건넸더니
니 미친나, 또라이가
와 기름 좔좔 묻히는데
완전 반 또라이 아니가

날렵한 황 씨 손목을 벗어난 다방 아가씨가
저만치서 팔짱을 끼고
오빠야 니가 또라이 아니가 어데서 주먹질이고
그렇게 많이도 팻쌋트만 아직도 지랄이고

속뜻이야 잘 모르겠지만
황 씨 손이 그 가스나 몸으로 여러 번
도라이바 짓을 했을 것 같다는 짐작이 들었다
앙칼진 목소리에 수그러드는 등을 보면서

도라이바가 세월에 녹슨 탓일까
몽글게 피어오르는 말에서는 찰밥 냄새가 났다
착착 감겨오는 또라이라는 맛

나도 어디서
누군가에게 도라이바 가꼰나
소리쳐 보고 싶었다.

입술

장미 여관에는
장미가 없고
낡은 시집 한 권도 없다

담벼락 바랜 포스터엔
먼로*만 치맛바람을 일으키고
붉은 입술은 뭇 사내의 입맞춤에 닳았는지
엷어지고 없었다

영산강 강가에는
해당화가 곱게 피고
한 통의 편지는 오지도 않았다

우체부 낡은 가방도
우체통을 기웃대던 제비도
강남으로 간 지 오래고
로즈모텔의 전단이 바람에 날렸다

밤기차를 메고 상경한 지 오래였으나
밤이 찾아오는 오류동 골목에서는
장미 살롱 간판만 입술을 붉게 그리고 있다.

*마릴린 먼로

4

기차는 떠나고 오지 않았네

길을 걷다

1번 버스를 타고
2.3.4호선 전철 갈아타고
마지막 종착역 가는
버스 기다리다 보니
다시 1번 버스가 온다

돌고 돌아서 온 길,
어쩌면 인생길은
1로(路) 와서 1로(老) 가는
하나의 몸짓이다

잠시 돌아서 온 길에는
아름다운 시선,
향기로운 사람 꽃이
널브러지도록 피어 있어서 좋다

나도 한참이나 꽃길 속으로 걸었다.

기차는 떠나고 오지 않았네

역전 카페 하늘의 은하수를 바라볼 때
기억조차 아스라한
어떤 강의 물결이 생각나기도 하였네

기차는 떠나고 오지 않았네
떠나야 할 차표는 발권 불능이었네

허공만 바라보다가
어디쯤의 마을 정거장엔
먼저 떠나간 기차는 도착 했을까

누군가를 가슴 깊이
사랑하였던 적 있었네

그리움의 별 하나도 먼저 떠나버렸네
마음의 길은 적막하였네

기차는 떠나고 오지 않았는데
어떤 강의 물결 속으로 녹슨 길이 태어났네.

홍제 생각

홍제동을 지나가는데 문득 왕년에 서석동에 살았던 홍제가 생각난다. 홍제는 홍제동에 살지 않았으므로, 연고 없는 이곳을 무심으로 지나쳐도 되겠건만 차와 차들의 간격이 좁은 틈에 끼어 홍제를 생각하기로 한다.

멀리 기암절벽은 머리 깎은 홍제처럼 가까워지고 절벽 아래로 굴렀던 시간이 홍지문터널을 지나가듯 미끄러지면, 외줄처럼 엮인 유도등을 따라 옛 시절의 홍제가 환하게 웃으며 온다.

터널 끝에는 밝은 빛이 내려있고 밖으로는 안개 같은 최루가스도 사라진 지 오래인 것 같았다. 길게 늘어선 차의 간격이 멀어지면 홍제 생각도 멀어지고, 내비게이션 빨간 차선이 푸른색으로 바뀌는 순간, 서울 하늘도 붉게 물들어가는 석양이 짙어오고 있었다.

예보

일기예보는 믿지 않기로 했는데
뜬금없이 눈이 내리기 시작하는데
1.2마력 봉고 트럭 안에서
눈들이 가슴까지 치밀어 오는
풍경 안에 있는데

라디오에선 대부도 발 여객선이
덕적도나 이작도로 가지 못한다고 하고
염기 묻은 눈꽃이 앞 유리창에서
속절없이 눈물처럼 흐를 때
몇 날 전, 화력발전소에서는 젊은 꽃 한 송이
눈꽃처럼 스러졌다고 하는데

라디오를 꺼버리고
창문을 열었더니
한쪽으로 고요함만 쌓인 세상이 있는데
있다가 사라지기도 하는데

하늘은 온통 회색이고
향불 같은 담배 두어 개 연신 태우고 나니
예보가 예보인 날도 더러는
길 위에서 흐날렸는데.

미투가 나타났다

음악 학원 원장이라는 그녀는
언제부턴가 불량 선생이 되고 말았다

미투, "공유하다" 라는 말이 변질된 세상 탓일까
변형된 세상에서
어쩔수 없었다라는 변명의 항변,
꼬마 녀석을 보면 마구마구 먹고 싶다는
오십 넘은 그녀의 말에는 미투가 살아있다

조곤조곤한 목소리로 변명을 한다
꼬마 녀석 엄마는 직장일로 바쁘고
통닭가게를 하는 아버지가 수업 끝나고 학원엘 오면
구수한 냄새 때문에 먹고 싶다는,

아이는 수업 끝나고도
집에 가지 않는 속사정을 이야기하며
아이가 건네준 문방구 표 불량식품을 먹어
불량선생님이 되어버린 푸념을 쏟아낸다
목소리가 야릇한 불량선생의 어조를 듣는다

미투, "동행하다" 라는 말이다

마음으로 함께 간다는 말이다
아이들과 불량식품을 먹고
함께 꿈을 먹는다는 것이다

학원 원장이라는 그녀는 미투가 분명하였다.

전보 치러간 줄 알았다

오랜만에 늘어진 시간이라 안부를 물었다
문자를 보냈는데. 전화벨이 울려서 받았더니
앞뒤 자르고 전보 치러 가야 하니
나중에 연락 하잔다 당황스럽기도 하고
부고장 보냈던 기억에 가슴이 덜컥 내려 앉아
불갑사 해우소 밑 마냥 캄캄해졌는데

생각해 보니 지금이 어느 땐데 전보를 치다니
필시 반갑지 않은 듯 하여 그랬는가 싶다가
전 부치러 간다는 말을 잘못 들었다는 마음에
버튼을 눌렀더니, 야! 왜 전화했어?
그러고는 산나물 전은 타지 않고
숨죽을 정도로 익혀야 제 맛이라는
전화기 너머, 근데 누구 다냐? 라는
친구 어머니 목소리가 귀를 깨무는데
친구는 전 부치고 나서 통화 하자며
순식간에 끊어 버렸다

그 전에 생겼던 틈이 전에 달라붙어
다시 틈이 없어진 전 부치는 듯 한 전화 한 통에
깜박, 전보 치러 가는 줄 알았다.

가족

아내의 생일날 이었다
안에만 있을 것 같은 아~네라고 답할 것 같은
선물 하나 없는 나를 중얼거렸다

고기 굽는 철판으로 옹기종기 꽃이 피었다
오랜만에 처제들과 조카들과
옥수수처럼 커버린 아들과 딸과
그 앞에서 해바라기같이 검은 씨앗을 뱉고는

속으로만 축하곡을 되뇌며
눈으로는 꽃들의 향기를 담았던 저녁 밥상 앞에서
아내의 뒷모습을 보니
널따란 초원의 한 송이 꽃이기도 하였다

등짝에는 열매들도 튼실히 달려서
술기운에 툭 건드려보고 싶기도 하였다가
담배를 피우러 현관으로 나서는데
신발 앞에서와 마주친 세월이
말없는 침묵으로 문을 열어 주었다

오늘 밤은 태풍이 올라온다는데 지금 비가 내리는데
오는 빗소리가 많이도 축축하였다.

끝없는 사랑

오이도 빨간 등대 초록 바람 붙들고
정동진 칼 국수집 바지락이 춤추면
창가에 정가네 식구 웃음꽃 활짝 피네
막걸리 한 사발에 찰랑대는 앞바다
갯벌의 진한 향기 가슴에 차오를 때
옆 지기 하시는 말씀 이참에 술 끊어요
아들 딸 목소리가 덩달아 들리노니
오래도록 보시려면 담배도 끊어요
날 향한 끝없는 사랑 눈시울의 동백꽃.

저녁에 웃는다

선술집, 널따란 이마가
철산동 어둠의 무렵으로 고갤 숙인다

고향 맛집과 고향촌이 나란히 어깨를 돋우는데
고향집 엄마는 저녁 한술 뜨셨는지
두툼한 참치 살점의 붉은빛 속으로
아려오는 것이 있었다

몇 잔의 술이 철썩철썩 배꼽 아래로 파도치고
몇 개의 한숨들이 창의 이마로 달라붙기도 하는데

선술집 박가 콧수염이
청산도 해우*같기도 하여서는 피식 웃다가

속없는 속으로 피식 거리를 쑤셔 넣으면
속없는 빈 병 주둥이 바닥에는
갯벌 바다 한 자락이 갈앉아 있었다.

*김의 전라도 말.

윤자에게

언제였던가
강원도 어디쯤 네가 떠난 폐촌을 갔을 때였다

바람이 불어 서걱이는 언덕을 지나
파도에 밀려든 모래를 밟아 덤덤히 걷던 길

마른 소나무에선 검은 솔방울들
눈물처럼 떨어지던 겨울 바다였다

곰곰이 생각해 보면
내린천 따라 깊은 산속일지도 모른다는 것이
청솔이라든지
다람쥐라든지
고요를 품은 새라든지
그것들만 곰배령을 넘지 못했다는 것이다

그런 생각을 하는 지금
동해 낯선 바다에 와 있는데
갈색 코트 입은 여인의 어깨로 바닷바람 몹시 불고
솔방울 같은 눈물 뚝뚝 떨어지고 있는데
고향이 강원도 어디라고 했던 말이

파도소리처럼 잠잠이 들리는 듯하였다

속 깊은 설움 같이 밀려든
짠물의 감촉 알 리 만무하다만,
윤자야! 내린천 따라 종종 흐르던 세월 건너
달팽이관 가득 파도 소리 들리고는 있겠지.

여명

눈 뜨자
소 마구청 뒷간 어름에
오줌 몇 방울 털고는
외양간 낡은 기둥처럼
구부정 쳐다보는 여명

붉은 햇살이라도 받는 날엔
털린 데가
불쑥 또는 불뚝
일어났으면 좋겠는데

정서로 시집살이 온
정동진 횟집 가리비가
노곤한 하품을 크게 하던 어젯밤이
지랄 났다고 이 꼭두새벽에 생각나는가.

내 마음 속 시인

정 아무개시인*의 시를 읽을 때마다
불뚝 일어선 정신머리에
손바닥으로 정수리 아래를 쳐 볼 때가 많다

사회인 야구장에서 한다고 하는 나는
타석에서는 속으로 홈런은 바라지도 않아
그저 안타라도, 내야 안타라도 쳐봤으면 하는데
삼진이라니. 번번히 파울팁이라니

고작 칠 수 있는 것이 침 바른 손바닥으로
정수리나 쳐보는 일이라니

시시(詩時)때때로 절여오는 손바닥에
공 하나 올려놓고 낡은 실밥만 만지작거리다가
애꿎게 타이거즈만 연호하다가
9회 말 반전도 없다라니.

*지리산 문학상 수상자로 『발해로 가는 저녁』 외 다수의 시집이 있다.

바라보아 주었다

군동면 물길 흘러서 수동으로 간 아낙에게는 깊게만 패인 주름 있었다 무덤덤한 웃음들이 휑한 주름으로 가슴에 깊어는 주었다 강진으로 들어서는 길엔 멀리서 양다래가 반겨주었다 평상의 낡은 다리도 먼 바다를 바라보아 주곤 하였다 군동은 기억으로 아릿하고 수동으로 흘러든 세월은 해거름의 노을로 붉어는 주었다 아낙은 오랫동안 군동댁으로 불리기도 하였다 양다래가 오목조목 튼실해지면 군동댁은 평상에 앉아면 바다를 바라보아 주었다

새들이 날고 날개는 노을에 앉기도 하였는데 먼저 떠나간 새의 그림자가 물결을 일으키는 군시리* 바다에는 구름도 나직이는 흘러가 주었다

*강진군 대구면 앞바다

화병(花甁)

이천 가서 질그릇 보다가
꽃무늬 활짝 핀 화병 하나 눈 여겼다

찰진 황토 가마에서
불꽃에 말라 꽃 하나 피워 주었다

나도 불가마에 몸을 담고
가부좌로 참선하면

화병 가득
꽃 활짝 피어 화병(火病) 돈을 일 없겠다.

용산 역

옆집 아저씨 발걸음 소리가
용산 역 근처부터 따라와서는
이 밤에 기차 소리를 낸다

용산 용산 하며
귓가를 맴돌다가
칼칼한 목구멍에 술 한 잔 부었는지
용두사나 용두사나 노래를 내기 시작한다

꽃피는 마을 그 시절로 돌아가고 싶은가 보다.

눈사람 1

그는 겨울에만 오는 손님,
창백한 얼굴로 서 있는 사람이다

저보다 어린 아이의 손에서 태어나기도 하고
하릴없는 백수의 손에서 태어나기도 한다

그는 어지럼증으로 눈살 찌푸리기도 하고
메운 바람에 팔 관절이 꺾일 때도 있다

사람들은 그가 불쌍한지
벙어리장갑을 끼워주기도 하고
빨간 목도리를 말아 주기도 한다

그는 감각이 없는 사람
발자국도 없는 사람

기억조차 남김없이 사라지는
백수 츄리닝 헐렁해진 고무줄 같이.

눈사람 2

슬픈 사람들은 마음에 눈사람 하나 갖는다
춥고 배고프다는 겨울에만 오는 사람
그들의 행성으로부터 분골 되었다가
북풍에 휘말려 이곳까지 왔으리라는 알갱이

결정체를 알려고 하지 말아야 할 것
설움이 비수처럼 뾰족하다는 것
빛의 소리에 둥글어진다는 것
쯤, 의 의문을 감싸주어야 한다

외롭다 하는 사람들은
겨울의 변방에서 눈사람 하나 품기도 한다

덮고 싶었던 일들이나 소원 같은 것들을
고요하거나 거룩하거나 그러한 밤에
마음을 열어주기로도 한다

눈이 펑펑 튀밥 튀듯 내리는 날에는
챙이 넓은 모자를 씌워주기도 한다

눈썹으로는 타다만 사연들이 자리하고

입술 언저리엔 요부의 부러진 립스틱이
상 남자의 추억으로 발라지기도 한다

슬픔은 꼭 눈물을 동반하지만 않았다
외로움은 꼭 그리움을 품지만 않았다
눈사람은 그것들을 꼭 기억하지만 않았다.

|해설|

육필의 노래, 태생과 人情의 바닥에서 길어 올린 회벽색 시들의 순간

정윤천(시인)

|해설|

육필의 노래, 태생과 人情의 바닥에서 길어 올린 회벽색 시들의 순간

–정태중 시집 『굼벵이 놓아주기』

정 윤 천
(시인)

1.

시를 쓴다는 행위는 시에 매달린 각인각색의 입장들에게 무슨 의미를 내포 하는 일이었을까. 시를 통하여 소위 입신을 꾀해보려는 욕망의 산물일 수있었을까. 아니면 도저하고 까마득한 예술행위의 폼이 나는 도구이기도 하였을까.

정태중 시집의 원고를 대하면서 줄곧 뒤따라오던 물음 중의 하나는 왜 그렇게도 고전적인 냄새를 피워 올리던 옹색한 궁금증이었던가. 그것은 아마도 그의 시가 파종되는 일단의 지점들이거나 결실의 상태에서 드러나던 특유의 인상 때문이었을 것이다. 아마도 그의 시편들은 이런 고전적이거나 옹색한 해답의 너머에 있었다는 사실을 금

방 확인 할 수 있었다.

그렇게 그의 시들은 태생적인 그리움이었거나 자신의 현재적인 불우에서 발화되는 날 것의 목청들이었으며, 인간지심의 저 밑바닥에서 차고 오르는 맑고 정한 '말'의 샘물 같은 것으로 여겨졌다. 말하자면 그는 자신의 시 이전에 미리 와서 자리를 잡고 있었던 퍽이나 시인스러운(?) 인격을 지닌 채 태어난 출생을 믿게 하여 주었다. 아, 이런저런 신소리들을 제하고 나면, 그는 한 자연인으로서 미리미리 인정스러운 사람이었다는 결론이다. 그것이 또한 그가 들고 가는 문학이며 생활이자 시였더라는 사실이다.

아마도 정태중 시인의 현재는 자신이 구현해보는 시공간의 세계와 현실의 세간 사이에서, 곧잘 유리되어 길을 잃거나 좌절 속에서 다시 일어서는 정서적 불우와 극복의 인격이라는 생각을 갖게 하였는데, 이는 그의 시집 『달팽이 놓아주기』 안에 들어있는 다양한 순간들을 지나오면서 다시 갖게 된 다짐이었다.

공동체의 생태의 근간들이 완벽하게 괴멸되어 버린 말기적 산업사회에서 인간의 감성적인 대응력이 거의 소멸지경에 이르렀다고 하여도 무방할 지점에서, 하필이면 그의 시는 여전히 태어나고 있었다. 최후의 보루에 마치 양지뜸 한 켠에서 녹아내리는 고드름처럼 일단의 시들과 시인들은 아프게 매달려 있었던 현재가 아니었던가.

이 시집 역시 이러한 분위기의 동일선상에서 읽혀야

함을 미리서 밝혀야만 할 것 같다. 그렇게 어느 사이엔가 한국 문학 속의 시들의 풍습은 난마처럼 얽혀 버렸거나 나노 입자만큼이나 분화되어 버렸다.

대부분의 낙타들은 바늘구멍을 통과하지도 않은 채 생뚱맞고도 황당한 수달이거나 이리들을 낳아 놓거나 찐 계란을 품에 품어 보이기도 하는, 탁란의 계절들이 이곳을 지나쳐 갔다. 아직도 남아있는 묵중한 여진 속으로는, 서정과 몰아일체의 노동요들이거나 모국어를 갈피에 간직한 일대의 서사들은 그들 영지의 대부분을 영구적으로 소실하여 버렸다. 한 편으론 차마 견디는 중일 것도 같았다.

그만큼이나 건강하고 우직한 바라봄의 노래가 그리워지던 시절에, 사람살이의 인정과 태생적 그리움의 우물에서 건져 올리는 곡진한 추구를 대하는 마음이 한 편으론 쓸쓸하면서도 반갑기도 하였다.

그라지 마소
고실고실한 고구마 두렁에서
굼벵이 한 마리 꿈틀대는 것을
호미로 찍어불먼 어쩐당가
지놈도 살것다고 온몸 굴려 가며 발버둥 치는디
어쩌다가 사람 눈에 뜨여서
호미 끝에 걸린 신세인디
좌우 당간 불쌍허지 안헌가

고구마 영근 것 좀 보소
볼그스롬 밑도 참 야물게 들었슨께
물컹한 저 굼벵이는 지 살길 가라고 냅둬 불세

호미도 곳간에서 나올 적엔 지 모양새대로
허고픈 일이 있었을 판이고
기실 자루 잡는 놈이 장땡인 것은 알제만
굼벵이 구르는 재주나 한 번 보소
가실 볕이 풍성하니 굼벵이도 고와 보이지 안능가

가끔 저 지랄맞은 흉물이
불 작난만 안치믄 쓰것는디 말이여.
-「굼벵이 놓아주기」 전문

먼저 시집의 표제시 부터 한 번 살펴보기로 하자. "놓아주기"라는 기의 속에는 시인의 시적인 심상과 함께 그의 인간의 심성이 맞물려 작동한다. 어쩌면 이런 경우엔 시의 품격은 그 외관의 뒷자리에서 논하여도 급하지 않을 수 있어 보였다. 무슨 대지(大地)의 상상력이라거나 식의 큰 타이틀을 붙여주지 않아도, 그의 시의 사상은 어딘지 생명에 관한 외경이거나 어렴풋한 해원의 해방구를 소환하며 있는 듯 여겨진다. 물론 작금의 요설들에 길들여진 세련된 감각주의의 시선에는, '이쁠 것도 고울 것도 없는' 집구석의 마누라처럼 읽힐 여지 또한 지니고 있었으리라.

그보다 앞서 이 시가 내보이는 거친 언술의 내면에는

"지놈도 살것다고 온몸 굴려 가며 발버둥 치는디/ 어쩌다가 사람 눈에 뜨여서/ 호미 끝에 걸린 신세인디/ 좌우당간 불쌍허지 안헌가" 언제 어디에선가 한 번 쯤은 들어본 적이 있었던, 어떤 급박한 사연이며 정황에 대한 훈수이거나 의견의 장면이 옴팍하게 그려져 있다.

한 편으로 시 속의 "굼벵이"는 사실상 인간 세상의 장삼이사들의 지난한 생의 어느 대목을 비껴 말하며 있었던 것임을 알 수 있다. 시쳇말로 '오죽하면'의 장면인 셈이다.

기억에 따르면, 우리들 공동체 의식의 개념들 속에서는, 오죽하면의 인간지심의 순간 속으로 "저도 살겠다고"에 내려지는 인정의 율법들이 가동되었음을 추억하게 하여 준다. 종장에 나타난 "가끔 저 지랄맞은 흉물이/ 불 작난만 안치믄 쓰것는디 말이여."에 드러난 의지 역시 주목할 만한 대목이다. 무작정적인 순종주의거나 양보의 양상들이 바람직한 미덕이 아니라는 사실은, 누구나 견지해야 될 비판의 정신이었다.

그렇게 그의 시들은, 자연과 생활과 역사인식의 계단들을 갈마들며 자신의 생 체험의 길들을 찾아 나서는 중이다.

내가 자월도로 간다는 것은

굳이 육지의 다툼에서 상처로 얼룩져서가 아니다

태식이는 펜션을 빌려 머리 식힐 요량으로 간다는데

나는 용량 한계로 터진 머릴 아물게 하고 싶어서가 아니다

자월도에 들어서면 뱃길 따라오던 긴 상념을 떨치려는 것이 아니다

그는 소라를 줍고 생선을 칼질해서 배에 채우려는 것이라는데

나는 하늘과 바다의 깊은 고요를 듣기 위함은 더욱 아니다

내가 횟감의 눈물을 보려 했다면

소래포구 자월도(紫月島) 횟집에서 만으로도 충분하다

내가 자월도로 간다는 것은

자월도(自月刀) 칼날에 깃든 달을 따려는 것이 아니다.

-「자월도(紫月島)」전문」

옹진군 자월면에 위치한 작품 속의 자월도는 "紫月島"가 맞는데, 그는 무슨 연유인지 "自月刀"를 찾아 나선다. 시 속의 내용에 따르면, 육지에서 덧이 난 상처를 다스리려고 가는 것도 아니고, 소라를 줍고 생선을 구워서 배를 채우려는 것도 아니고, 더욱이 "횟감의 눈물" 따위를 여겨보기 위한 것이 아니라고 한다. 아니라고 아니라고 떠들어 대면서 찾아가는 자월도엔 과연 무엇이 존재하며

있었을까. 자월도의 한자어를 인위적으로 대치한 "自月刀"를 찾아 떠난 시의 화자는, 스스로의 칼날에 묻힌 달을 따려는 것도 아니라는 허망하고 허술한 언술의 뒤로 몸을 감추고 숨어 버렸다.

그렇다면 그는 그보다 더욱 갈급한 '소망'을 찾아 나선 것으로 비쳐졌는데, 설명해주지 않아도 흐릿하게나마 그의 저의를 눈치챌 수 있을 것 같았다. 그의 시의 지난한 행로들을 더듬어서, 제 2의 제 3의 자월도를 향하여 슬쩍 한 번 동행하여보기로 한다.

나는 여태
오가피 잎 하나 피우지 못했네

친구 놈이 알려준 산삼 이파리
그 귀한 잎 찾고 있었네

모자람으로
봄 쑥 물끄러미 보던 날

여린 것들 찾아오는 모습 앞에
물끄러미 앉아서 생각해 보네.
-「어느 봄에」 전문

시는 한사코 자기 정신의 계도에 따른 깨달음의 산물이어야만 하는 측면이 있었다. 정태중 시인의 '자화상'은 언뜻 보기에 따라서는 한 장의 흑백사진처럼 낡아 보이지만, 그 안에 깃들어 있는 사유의 고랑은 꽤나 깊어 보인다. "오가피 잎" 한 장 피우지 못한 주제에 "산삼 이파리"를 찾고 있는 자신의 "모자람"을 꿰뚫고 있다. 그리하여 그는 자신의 시의 운명을 낮은 목소리로 채근하는 중이다 "여린 것"들의 순서로부터 눈길을 돌리는 바로 그 진실으로의 투신이었다.

2.

우리 어매 장수 사진 찍던 날
웃음이 울음이라고 말 못하고
하회탈 같은 주름 속으로
해탈 같은 천연스런 미소
"아가
나 이쁘게 나왔냐"

웃는
저 꽃.
-「꽃」 전문

정태중 시의 중요한 갈래 중의 하나는 그의 가족사와 자신의 내면에서 일인칭으로 피워 올리는 시의 "꽃"들이었다. 시들어 가는 하회탈 속의 노모를 "꽃"으로 맞아들이는 그의 심안이 불현듯 환하다. 시적 발성의 형상화이거나 외피에 치중하는 시작 방식으로는 발고해내기 어려운 끈끈한 시의 장면이다. "하회탈"과 "해탈"의 배치 또한 이 시편의 미덕이리라.

느그 아부지 죽은 지가 언제 적으냐

어디 보자 근 사십 년이 넘는 갑다
그러고 봉께 너도 인자 오십 넘게 부렀구나
강산이 요로코 많이도 변해 부렀네

허기사 고샅에 심궈진 팽나무 킁거 보소
뒤안 감나무 늙어서 삐틀어진 것도
곧 있으믄 죽순도 올라올 것인디
저것들 따기가 힘에 부치단 마다

아가, 토방에 앉아 있응께
앞산 늑 아부지 뫼똥이 아른거린다
풀도 많이 올랐을 거신디
고 밑에 심가논 동백도 떨어져 부렀것다

몸 좀 추실라서 꽃단장 허고
풀도 메고 봉도 깎고 술 한 잔 부서야 쓰것는디
한사코 기력이 땅에 붙은 게
요곳도 이참이 마지막 일랑가 몰것다

아가!
비 올랑 갑다
하늘이 시컴허고
온간 데가 쭈시고 시린거 봉께
어쩐지 많이도 올랑갑다.

-「일기예보」 전문

이 시 역시 다른 시인들의 시집 속에서도 흔하고 비슷하게 널려있는 가계사의 시편이다. 시의 화자 역시 그의 노모인 “월산 댁”의 육성이다. 숫제 어미의 말을 들리는 대로 받아 적은, 목소리와도 같은 작품인데, 그는 웬일인지 아직도 지치지 않고 어머니와 가계와 자신의 태생적 그리움에 비껴있는 ‘노을’과도 같은 바라봄 들에게서 떠나지 않고 있다.

그것은 굳이 열어보지 않아도 태생적인 그리움의 목록에 관한 열람의 자세인 걸 알 수 있다. 어쩌면 앞으로도 한 동안 그의 이런 이야기 시들은 그의 곁에 떠나지 않고 존재할지 모른다.

모든 시인들은 자신의 초기 시의 한 켠에 ‘가계사’의 정한을 아로 새기기 십상이었다. 사실은 누구나가 그곳에서 태어났으며, 비롯되었으며, 그리고 언제부턴가 그곳을 상실해 버렸기 때문일 것이었다. 거창하게 말하면 모든 시인들의 뇌수에 간직된 원죄의식과도 같은 시의 전형이 그의 시에도 아로새겨져 있음이리라.

어떤 소리 하나가
자정을 두드리고 있다
취한 귀로 흘러드는
자명종의 시침이라기엔 크고
오십 년을 벽에 붙어 불알 흔들던
벽시계는 더욱 아닌 소리가

천 리 밖에서도 들릴 것 같은 저것을
뻐꾸기가 낳은 세월이라고
여겨보기로 한다

탁란이 부화한 둥지 아래
부스럼 같은 깃털을 남기고 간 산책로 귀퉁이
갯벌의 오돌톨한 너비를 이마에 새긴 듯
달그림자는 골짜기 같은 바다를 건너고 있다

어떤 소리 하나가
고요한 밤 나직이
기차의 숨이라며
목포행으로 헐떡거리던 날
첫 월급으로 샀던 빨간 내복을 들고
들어서는 이 길을
돌아오는 길이라고
여겨 보기로 한다.

-「귀로(歸路)」 전문

"첫 월급으로 샀던 빨간 내복"을 안고, 그가 까마득히 상실해버린 머리 속의 유토피아를 향해 돌아가는 중이다. 말 그대로 "귀로"의 멀고도 가까운 길 위에 서있는 거의 역사적인 모습이다. "귀퉁이 갯벌의 오돌톨한 너비를 이마에 새긴" 그곳으로는 달그림자도 휘영청 바다를 건너는 저녁이 진을 치고 있었을 진데. 품안의 "빨간 내복"에서는 "목포행" 완행열차의 기적소리가 자꾸만 "어떤 소리"가 되어 연신 울려대는 중이다. 그렇게 그 소리의 너머에 하회탈 같은 노모와 자신의 생래적 그리움과 가계사로 얽혀진 인정의 순간들이 서성대고 있었던 것이었다.

3.

클성싶은 놈
떡잎부터 알아본다는데

딱
그만큼만 자라고 말았다

틀에 갇혀버린 꿈
떡잎은 고스란히 푸른 죽음이었다

그러고 보면
광주가 딱 그 모양이다

틀을 부수고
다시 푸르러 커나가기를

한사코
오월의 봄날이기를.
-「다시 봄」 전문

어쩔 수 없는 전라도 사람인 정태중의 시에서는, 자신도 어쩔 수 없는 "광주"와 "오월"이라는 시구가 찾아든다. 그렇게 찾아든 광주와 오월은 이제 그의 시 속에서,

그가 당대를 살아가면서 지펴야만 될 역사인식의 도래라 여겨도 무방하지 않을른지 모른다. 그것은 또한 그가 짊어지고 나가야만 할 자신의 시의 미래의 중요한 부분이자 그가 내보이는 현실인식에 근거한 시편들의 가능성의 지점일 수 있었다.

이제 정태중 시집을 살펴보는 결론의 부분에서, 시집 속에 남아있는 여타의 시의 갈래를 살펴보는 것으로 거칠게 건너온 해설의 변을 닫으려고 한다.

그니께 그때
중핵교는 거그서 마쳤는디
머덜라고 고딩을 광주로 가딴마시

80년도 중반 같긴 헌디
앙끗도 모르고 데모부텀 만나 부렀어
최루탄에 콜록거리믄서

머슬 알앗깐디
마치 탁주잔 돌리데끼 휩쓸렸제

근디 말이여
해마다 지랄 탄 날아드는 전대 뒷쪽에서
해필허고 자취를 붙여갔고는
씨팔,

형, 누나, 동네 아자씨들은
5월만 되아불면 눈에 불이 났었는디

불은 가려서 붙는 거시 아니드라고

선생도 그런 날은 오전 수업만 해주고는
나는 긍께로
지금도 자율 학습이라는 말만 나오믄
쪼까 머시기 해분당게.

-「자율 학습」 전문

위에 인용된 시의 기척으로부터, 정태중에게선 그냥 지나쳐버릴 수 없는 쓰디쓴 회오의 시편이 아니랴. "탁주잔 돌리데끼 휩쓸려 버린" 저 공포의 시절이 까마득히 지나쳐 가버렸음에도 "형, 누나, 동네 아저씨들은 5월만 되아불면 눈에 불이"나는 계절의 뒤안길에서, 그의 광주의 불은 "가려서 붙는 불"이 아니었더라는 증언이다.

선생님들도 수업을 닫아 주었던 해묵은 기억 때문에 "긍께로 지금도 자율학습이라는 말만 들어도" 그는 '옹삭한' 마음이 꿀꿀하게도 찾아오는가 보았다. 광주는 그렇게 아직도 불행한 근대사의 현재진행형의 울분이었다. 따지고 보면 세세연년 기록되어야 할, 이 땅에서 시를 쓰며 살아가는 남도인들이라면 누구도 버릴 수 없는 시의 뼈아픈 제재 하나는 광주와 5월의 피 눈물 이었음을 상기시켜 주었다.

홍제동을 지나가는데 문득 왕년에 서석동에 살았던 홍제가 생각난다. 홍제는 홍제동에 살지 않았으므로, 연고 없는 이곳을 무심으로 지나쳐도 되겠건만 차와 차들의 간격이 좁은 틈에 끼어 홍제를 생각하기로 한다.

멀리 기암절벽은 머리 깎은 홍제처럼 가까워지고 절벽 아래로 굴렀던 시간이 홍지문터널을 지나가듯 미끄러지면, 외줄처럼 엮인 유도등을 따라 옛 시절의 홍제가 환하게 웃으며 온다.

터널 끝에는 밝은 빛이 내려있고 밖으로는 안개 같은 최루가스도 사라진 지 오래인 것 같았다. 길게 늘어선 차의 간격이 멀어지면 홍제 생각도 멀어지고, 내비게이션 빨간 차선이 푸른색으로 바뀌는 순간, 서울 하늘도 붉게 물들어가는 석양이 짙어오고 있었다.

-「홍제 생각」 전문

"서석동"은 광주의 지명이다. 이 시 속에서도 5월의 강물이 얼비치며 있었다. 직정을 다스린 발설로 인하여 오히려 문학성을 띄는 시편으로 읽힌다. 5월의 비탄이 승화하여, 현재 그가 살며 지내는 "서울"의 "석양"을 읽어낸다. "최루가스"도 사라진 어느 날의 차도 위에서 "홍제"를 떠올리는 시의 화자는 사실은 홍제가 아니라 "서석동"의 "광주"를 떠올려보는 중이었다. 간격이 좁아지는 차도 위에서 "빨간 차선이 푸른색으로 바뀌는 순간"을 기다리며 멈추어 있는 한 소시민의 모습은, 물들어가는 석양 속으로 끼어들어가는 선량한 사람들의 광경이었다. 메시지를 갈피에 숨긴 이 시의 독법에는 얼마간의 역사인식과 더불어, 말하지 않고 말하는 비껴 말하기의 시적착안에 일정부분의 눈길을 담아야 할 것 같았다. 어쩌면 향후의 그의 시작 태도에 대한 중요한 실마리이거나 근거일 수 있었다.

> 옆집 아저씨 발걸음 소리가
> 용산 역 근처부터 따라와서는
> 이 밤에 기차 소리를 낸다
>
> 용산 용산 하며
> 귓가를 맴돌다가
> 칼칼한 목구멍에 술 한 잔 부었는지
> 용두사나 용두사나 노래를 내기 시작한다
>
> 꽃피는 마을 그 시절로 돌아가고 싶은가 보다.
>
> -「용산역」 전문

틈만 나면 노래 부르기를 좋아하는 정태중은 멜갑시 "옆집 아저씨"를 빌려와서 자신을 이야기 하는 중이다. 아무렴 그렇고말고, 일에 지치고 시간에 떠밀리고 폼을 잡고 끄적여보고 싶었던 시에서조차 미끄러져 나온 밤이면, 어두컴컴한 목구멍 속으로 "술 한 잔" 우겨 넣고 돌아온 시인 정태중은, 스스로의 가수가 되어 "용두사나 용두사나 노래를 내기 시작한다" 틀림없을 것이다. "꽃피는 마을 그 시절로 돌아가고 싶어서이리.

이렇게나마 정태중 시의 지향처 들을 사실은 임의동행의 형식으로 비교적 자유롭게 살펴보았다. 자연과 생명,

가계사, 역사성의 갈래로 나뉘어 본 셈이다. 그의 시들은 비교적 투박하고 재래적인 외관의 남성적인 발언들이 주종을 이루고 있기도 하였는데, 한 편으로 갈 길이 멀어 보이는 한계들도 도정하고 있는 중이다. 그가 이제 이 자잘하고도 시큰한 '딸기밭' 속의 시들을 떨치고 나와 키 큰 미루나무의 시편들과 대지적 상상력을 구가하는 큰 시인의 길을 걷기를 절실한 마음으로 축원키로 하자.

끝으로 "슬픔은 꼭 눈물을 동반하지만 않았다/ 외로움은 꼭 그리움을 품지만 않았다/ 눈사람은 그것들을 꼭 기억하지만 않았다."고 주장하는 아름다운 시 한 편을 놓아 보기로 한다.

슬픈 사람들은 마음에 눈사람 하나 갖는다
춥고 배고프다는 겨울에만 오는 사람
그들의 행성으로부터 분골 되었다가
북풍에 휘말려 이곳까지 왔으리라는 알갱이

결정체를 알려고 하지 말아야 할 것
설움이 비수처럼 뾰족하다는 것
빛의 소리에 둥글어진다는 것
쯤, 의 의문을 감싸주어야 한다

외롭다 하는 사람들은
겨울의 변방에서 눈사람 하나 품기도 한다

덮고 싶었던 일들이나 소원 같은 것들을

고요하거나 거룩하거나 그러한 밤에
마음을 열어주기로도 한다

눈이 펑펑 튀밥 튀듯 내리는 날에는
챙이 넓은 모자를 씌워주기도 한다

눈썹으로는 타다만 사연들이 자리하고
입술 언저리엔 요부의 부러진 립스틱이
상 남자의 추억으로 발라지기도 한다

슬픔은 꼭 눈물을 동반하지만 않았다
외로움은 꼭 그리움을 품지만 않았다
눈사람은 그것들을 꼭 기억하지만 않았다.

-「눈사람 2」 전문

정태중 시집
굼벵이 놓아주기

초판 발행 | 2021년 2월 1일

지은이 | 정 태 중
펴낸이 | 강 경 호
인쇄 · 기획 | 도서출판 시와사람
등록 | 1994년 6월 10일 제 05-01-0155호
주소 | 광주시 동구 양림로119번길 21-1(학동)
전화 | (062)224-5319
팩스 | (062)225-5319
E-mail | jcapoet@hanmail.net

ISBN978-89-5665-589-5 03810

값 10,000원

*잘못된 책은 바꾸어 드립니다.

공급처 ■ 한국출판협동조합

경기도 파주시 탄현면 오금리 202번지
주문전화 (02)716-5616, 070-7119-1740